BEI GRIN MACHT SICH IHR
WISSEN BEZAHLT

- Wir veröffentlichen Ihre Hausarbeit,
  Bachelor- und Masterarbeit

- Ihr eigenes eBook und Buch -
  weltweit in allen wichtigen Shops

- Verdienen Sie an jedem Verkauf

Jetzt bei www.GRIN.com hochladen
und kostenlos publizieren

Nicola Hengels, Marta Kulaszewska

Unterrichtseinheit zum Thema Wortschatzarbeit in der Sekundarstufe I

GRIN Verlag

Bibliografische Information der Deutschen Nationalbibliothek:

Die Deutsche Bibliothek verzeichnet diese Publikation in der Deutschen National-
bibliografie; detaillierte bibliografische Daten sind im Internet über http://dnb.d-
nb.de/ abrufbar.

Dieses Werk sowie alle darin enthaltenen einzelnen Beiträge und Abbildungen
sind urheberrechtlich geschützt. Jede Verwertung, die nicht ausdrücklich vom
Urheberrechtsschutz zugelassen ist, bedarf der vorherigen Zustimmung des Verla-
ges. Das gilt insbesondere für Vervielfältigungen, Bearbeitungen, Übersetzungen,
Mikroverfilmungen, Auswertungen durch Datenbanken und für die Einspeicherung
und Verarbeitung in elektronische Systeme. Alle Rechte, auch die des auszugsweisen
Nachdrucks, der fotomechanischen Wiedergabe (einschließlich Mikrokopie) sowie
der Auswertung durch Datenbanken oder ähnliche Einrichtungen, vorbehalten.

Impressum:

Copyright © 2009 GRIN Verlag GmbH
Druck und Bindung: Books on Demand GmbH, Norderstedt Germany
ISBN: 978-3-656-37003-1

Dieses Buch bei GRIN:

http://www.grin.com/de/e-book/208126/unterrichtseinheit-zum-thema-wortschatz-
arbeit-in-der-sekundarstufe-i

GRIN - Your knowledge has value

Der GRIN Verlag publiziert seit 1998 wissenschaftliche Arbeiten von Studenten, Hochschullehrern und anderen Akademikern als eBook und gedrucktes Buch. Die Verlagswebsite www.grin.com ist die ideale Plattform zur Veröffentlichung von Hausarbeiten, Abschlussarbeiten, wissenschaftlichen Aufsätzen, Dissertationen und Fachbüchern.

Besuchen Sie uns im Internet:

http://www.grin.com/

http://www.facebook.com/grincom

http://www.twitter.com/grin_com

LEUPHANA
UNIVERSITÄT LÜNEBURG

Wintersemester 2009/2010

Veranstaltungen: Literatur- und sprachdidaktische Vertiefung (Deu 370)

Fach: Institut für Deutsche Sprache und Literatur und ihre Didaktik

Abgabetermin: 22. März 2010

Unterrichtseinheit zum Thema

Wortschatzarbeit

in der Sekundarstufe I

Nicola Hengels   **Marta Kulaszewska**

INHALT

I

1   Einleitung

Synonymie

Wie die Leute aus dem Leben scheiden
Der Gelehrte - gibt den Geist auf
Der Färber - ist verblichen
Der Maurer - kratzt ab
Der Romanschriftsteller - endet
Der Matrose - läuft den letzten Hafen [an]
Der Pfarrer - segnet das Zeitliche
Der Schauspieler - tritt von der Bühne ab
Der Vegetarier - beißt ins Gras
Der Musiker - geht flöten
Der Schaffner - liegt in den letzten Zügen
Der Straßenfeger - kehrt nie wieder.[1]

Seit Jahren liefern internationale Vergleichsstudien, wie zum Beispiel PISA, untrügliche Belege dafür, dass deutsche Schüler[2] nur eine geringe Lesekompetenz aufweisen, was dazu führt, dass sie teilweise erhebliche Schwierigkeiten dabei haben, Texte zu verstehen. Eine Ursache dieser Problematik liegt darin begründet, dass die Schüler nur über einen geringen und nicht ausdifferenzierten Wortschatz verfügen. Dies wirkt sich jedoch nicht nur auf das Leseverständnis, sondern auch auf die Produktion eigener Texte sowie die Verständigung mit Mitmenschen aus. Aufgabe der Schule muss es demnach sein, diesen Zustand zu ändern und die im Deutschunterricht lange Zeit viel zu sehr vernachlässigte Wortschatzarbeit wieder stärker in den Fokus zu rücken.[3]

Neue Wörter zu lernen gehört im Fremdsprachenunterricht schon immer zur täglichen Aufgabe von Schülern. Dies sollte auch in den muttersprachlichen Unterricht wieder integriert werden, denn sprachliches Lernen in jedweder Sprache ist primär ein Lernen von Wörtern und Wendungen und auch in der Muttersprache müssen davon stetig noch neue hinzugelernt werden. Dieser Erwerb geschieht grundsätzlich aus dem Gebrauch heraus, wobei zunächst die Gebrauchsbedeutung erworben wird, die Wörter und Wendungen also kontextuell passend verwendet werden können. Erst durch die Reflexion dieses Gebrauchs kann auch die lexikalisch-begriffliche Bedeutung hinzugelernt wer-

---

[1] Schwarz & Chur 2004, S. 54
[2] Im Folgenden wird zur Leserfreundlichkeit ausschließlich die maskuline Form verwendet.
[3] Vgl. Ulrich 2007, S. 1

den. Lehrpersonen müssen den Schülern Verfahren vermitteln, die ihnen ermöglichen, Wörter möglichst effektiv behalten zu können. Die Arbeit am Wortschatz darf dabei nicht von den übrigen Lernbereichen isoliert werden, da sie immer auch an andere Fertigkeiten, wie zum Beispiel Lesen, gebunden ist und zudem Wörter und Wendungen immer in Handlungs- oder Textzusammenhängen stehen, aus welchen sie rezeptiv wie produktiv erworben werden.[4] Nach Dannenbauer 2002 und Feilke 2009 benötigen Schüler für die gezielte Förderung ihrer lexikalischen und sprachlichen Kompetenzen Spracherfahrungen, die ihnen erheblich mehr bieten, als im normalen Spracherwerb beiläufig enthalten ist. Hierfür stellt der Deutschunterricht eine ideale Lernumgebung dar und sollte deswegen auch dafür genutzt werden.[5]

Im Rahmen des Seminars 'Sprachdidaktische Vertiefung' von Swantje Weinhold an der Leuphana Universität Lüneburg war es Aufgabe der Studierenden zu exemplarischen Lernbereichen des Deutschunterrichts Unterrichtsideen zu entwickeln und diese im Plenum vorzustellen. Eine mögliche Form des Leistungsnachweises bestand darin, die vorgestellte Idee zu einem schriftlichen Unterrichtsentwurf auszubauen. Dies haben wir in der vorliegenden Hausarbeit zum Thema 'Wortschatzarbeit in der Sekundarstufe I' durchgeführt. Da wir eine komplette Unterrichtseinheit zu dieser Thematik entwickelt haben, verzichten wir auf die Darstellung eines, selbstverständlich im Normalfall für jede einzelne Stunde zu erstellenden, ausführlichen Verlaufsplanes, um so den vorgegebenen Umfang dieser Hausarbeit nicht zu überschreiten.

Im Folgenden werden nun zunächst die Sachanalyse, die didaktische Analyse und das Lernziel für die komplette Unterrichtseinheit vorgestellt. Im Anschluss daran werden die einzelnen Stunden der Einheit ausdifferenziert und dort auch die jeweiligen didaktischen und methodischen Entscheidungen begründet sowie die damit verfolgten Teilziele genannt.

---

[4] Vgl. Feilke 2009, S. 4
[5] Vgl. ebd. und Dannenbauer 2002, S. 137

2

2 Sachanalyse

Das deutsche Wörterbuch von Knaur definiert den Wortschatz als die Gesamtheit der Wörter einer Sprache oder die Gesamtheit der Wörter, über die ein Einzelner verfügt.[6] Der Wortschatz der deutschen Alltagssprache wird hierbei auf etwa 500.000, der zentrale Wortschatz auf circa 70.000 Wörter geschätzt.[7] Den Wortschatz eines Menschen bezeichnet man als sein inneres, mentales Lexikon, also sozusagen als sein „Wörterbuch im Kopf". Es handelt sich hierbei um denjenigen Teil des Langzeitgedächtnisses, in welchem die Lexeme der jeweiligen Sprache repräsentiert sind.[8] Lexeme sind die Grundeinheiten des Wortschatzes einer Sprache. Sie werden bei der Bildung von Äußerungen verwendet und mit Hilfe grammatischer Regeln zu Sätzen sowie Texten verknüpft. Man versteht hierunter sprachliche Zeichen, die es Menschen erlauben Vorstellungen zu entwickeln. Lexeme bestehen aus einem materiellen (Lautkörper bzw. Schriftbild) und einem immateriellen Teil (Bedeutung). Unter der Bedeutung eines Sprachzeichens versteht man seine inhaltliche Seite, welche beim Zeichenbenutzer (Sprecher oder Schreiber) und dem Hörer bzw. Leser einen Bewusstseinsinhalt aktiviert, welcher im Gedächtnis gespeichert ist. Man darf diese Bedeutung eines Lexems nicht mit der vom Sprecher oder Schreiber gemeinten außersprachlichen Erscheinung (Gegenstand, Vorgang oder Sachverhalt) gleichsetzen, da auf diese nur mit Hilfe des Zeichens Bezug genommen wird. Man nennt solche Bewusstseinsinhalte auch Konzepte und für sehr viele von ihnen existieren Lexeme. Es gibt allerdings nicht für jedes von ihnen ein Lexem (Beispiel: gestillter Durst, wenn man von 'sitt' absieht).[9] Lexembedeutungen sind nicht grundsätzlich für alle Mitglieder einer Sprachgemeinschaft identisch, so kann es durchaus Uneinigkeit darüber geben, ob zum Beispiel ein Sessel immer gepolstert sein muss und Armlehnen braucht oder wann ein Trinkgefäß als Tasse oder Becher zu bezeichnen ist. Die Unterschiede der individuellen Konzepte sind jedoch im Allgemeinen nicht so groß, dass dadurch die Verständigung verhindert werden würde.[10]

---

[6] Vgl. Hermann et al.1985, S. 1085
[7] Vgl. Osterwinter & Auberle 2007, S. 13
[8] Vgl. Ulrich 2010, S. 22
[9] Vgl. ebd., S. 6ff.
[10] Vgl. ebd., S. 10f.

Das innere Lexikon darf man nicht als eine unstrukturierte Ansammlung der einzelnen Lexeme verstehen, da seine Elemente vielmehr ein wohlgeordnetes Ganzes bilden, welches vielfältige Beziehungen untereinander aufweist.[11] Die einzelnen Wörter des Gesamtwortschatzes sind nämlich im mentalen Lexikon in einem mehrdimensionalen Netz verknüpft, in welchem sie die Knoten bilden. Die Wortnetze können hierbei von unterschiedlicher Qualität sein und können in folgender Gestalt auftreten:

- als Sachfeld, in welchem der Wortschatz unter den Aspekten Sprach- und Weltwissen vernetzt ist (Bsp.: Schule, Klassenzimmer, Tafel, Kreide, Bank)
- als Ablaufschema, in dem ganze Handlungsabläufe gespeichert sind (Bsp.: Brief schreiben, falten, in Briefumschlag stecken, adressieren, frankieren, zur Post bringen)
- als Kollokationsfeld, welches Wörter miteinander in Beziehung setzt, die gewohnheitsmäßig häufig zusammen vorkommen (Bsp.: Katzen miauen, Schule schwänzen)
- als Wortfamilie, in welcher Wörter quer über die anderen Netze nach morphologischen Gesichtspunkten verknüpft werden (Bsp.: Schule, Schüler, schulisch)
- als Bewertungsnetz, in dem die Wörter auf Basis ihrer Konnotation vernetzt werden (Bsp.: büffeln, pauken, lernen)
- als Assoziationsnetz, wo eigene Erfahrungen an Ausdrücke gekoppelt werden (Bsp.: Ferien - Sonne, Spanien, schlafen)
- als Wortfeld, wo Wörter der gleichen Wortart nach Bedeutungsmerkmalen geordnet sind (Bsp.: Synonyme: Lehrer/Pauker, Antonyme: lehren/lernen, Hyponyme: Zimmer, Lehrerzimmer, Klassenzimmer)

Die Synonymie beschreibt hierbei die Relation der Bedeutungsgleichheit zwischen einzelnen Wörtern. Dies bedeutet, dass verschiedene Wortformen den gleichen Inhalt aufweisen. Wichtig ist allerdings zu beachten, dass es nur äußerst selten zwischen zwei Wörtern eine hundertprozentige Bedeutungsgleichheit gibt (Apfelsine und Orange), da sich die Synonyme zumeist zumindest konnotativ unterscheiden (Lehrer und Pauker).[12]

---

[11] Vgl. ebd., S. 22
[12] Vgl. Schwarz & Chur 2004, S. 54f.

4

Jedes Wort kann gleichzeitig Element verschiedener Netze sein und mit dem Umfang des Wortschatzes steigt auch die Vielfalt seiner Vernetzungen. Je mehr Wörter gekannt werden, desto einfacher können neue hinzugelernt werden, da neue Wörter in das bereits vorhandene Wörternetz eingeordnet werden.[13] Der Zugang zum mentalen Lexikon kann auf zwei Wegen erfolgen. Zum Einen müssen Wörter durch den Hörer bzw. Leser verstanden werden, indem er ihnen eine Bedeutung zuordnet, zum Anderen müssen Lexeme durch den Sprecher oder Schreiber wiedergefunden werden, um so ein ihm vorschwebendes Konzept versprachlichen zu können. Hierbei ist wichtig zu erwähnen, dass nicht alle Lexeme für beide Zugriffe zur Verfügung stehen. Diejenigen, auf die man beim Hören und Lesen zurückgreift, bilden den sogenannten Verstehens- oder rezeptiven Wortschatz, der Teil von ihm, den ein Mensch auch zum Sprechen oder Schreiben verwendet, bildet seinen Mitteilungs- oder produktiven Wortschatz.[14]

Wie bereits erwähnt, ist „[d]er Wortschatzerwerb [...] ein komplizierter lebenslanger Lernprozess."[15] Im Alter von 6 Jahren verfügen Kinder nach Schätzungen über einen rezeptiven Wortschatz von bis zu 14.000 Wörtern und verwenden hiervon circa 5.000 - 6.000 bereits aktiv. Mit der Einschulung und dem darauf folgenden Schriftspracherwerb wächst der rezeptive Wortschatz nach Clark 1995 um mindestens 3.000 neue Wörter pro Schuljahr. Obwohl sich das Wachstum danach abschwächt, lernen auch Erwachsene noch stetig neue Wörter hinzu.

> „Wer Äußerungen anderer hört oder liest, ruft aus seinem Lexikon die verwendeten Lexeme ab und konstruiert mit Hilfe der gespeicherten Lesarten und seines Weltwissens den Sinn der Äußerungen und die dahinter stehende Absicht des Sprechers oder Schreibers. Tauchen dabei unbekannte, noch nicht gespeicherte Lexeme auf, so wird ihre Bedeutung aus dem Kontext erschlossen (bei der ersten Begegnung noch sehr ungenau, bei weiteren Begegnungen immer präziser), und sie werden in den rezeptiven Wortschatz übernommen."[16]

Der Wortschatzerwerb ist hierbei allerdings nicht ausschließlich durch quantitatives Wachstum gekennzeichnet, da auch die Reichweite, also der Gebrauchswert der Lexeme, zunimmt. Mit dem Wachstum des mentalen Lexikons werden auch die dort ge-

---

[13] Vgl. Kühn 2007, S. 32f.
[14] Vgl. Ulrich 2010, S. 22
[15] Ebd., S. 29
[16] Ebd., S. 31

speicherten Wörter immer detaillierter semantisch profiliert. Dies geschieht wenn schon bekannte Lexeme in immer neueren Zusammenhängen und Kontexten auftauchen und somit neben Bedeutungen und Konnotationen gelernt werden können. Auf diese Weise verschiebt sich die Entwicklung des Wortschatzes im Laufe des Lebens immer mehr von einer Erweiterung zu einer Vertiefung hin.[17]

Eine Erweiterung des mentalen Lexikons erfolgt dann, wenn es einem Menschen gelingt, ein Element einer Äußerung zunächst zu isolieren, es dann in einen anderen Kontext zu stellen und schließlich in eine neue Äußerung einzubinden.[18] Eine Möglichkeit diesen Vorgang im Unterricht zu systematisieren, bietet der sogenannte 'wortschatzdidaktische Dreischritt'. Dieser besteht aus drei miteinander verknüpften Unterpunkten:

1. Isolieren und Semantisieren

   Hier werden unbekannte oder relevante Wörter aus gelesenen Texten isoliert und funktional sowie semantisch geklärt (Beispiel: Welche Wörter werden verwendet, um in einer Erzählung Spannung zu erzeugen?). Die geeigneten Methoden hierfür sind Textvergleiche, Textüberarbeitungen, Gespräche über Wörter und Wendungen im Textkontext oder Wörterbuchkonsultationen.

2. Variieren und Vernetzen

   Das so erhaltene Wortmaterial gilt es zu ordnen und in Listen zusammenzustellen. Es ist hierbei äußerst produktiv, zu den isolierten Wörtern zum Beispiel Formulierungssynonyme zu sammeln und damit die Ausdrücke anschließend in eigenen Texten zu variieren.

3. Kontextuieren und Reaktivieren

   Wem es nun gelungen ist, Wörter und Wendungen aus eigenen oder fremden Texten zu isolieren und zu neuen Ordnungen zusammenzustellen, der hat sich in geeigneter Weise dafür präpariert, sie im eigenen Schreiben und Sprechen zu verwenden.[19]

---

[17] Vgl. ebd., S. 29f.
[18] Vgl. Füssenich 2002, S. 78
[19] Vgl. Feilke 2009, S. 10ff.

„Wörter und Wendungen sind zentral für das Verstehen von Äußerungen und Texten."[20]
So zeichnet es gute Leser aus, dass sie in ihrem mentalen Lexikon effizient auf Wortbedeutungen zugreifen können, da die Wörter und Wendungen dort den Wissensrahmen für die Konstruktion eines Textzusammenhangs beim Textverstehen bilden.[21]

---

[20] Ebd., S. 6
[21] Vgl. ebd.

3 Unterrichtsvoraussetzungen

Die der Planung zugrunde liegende 5. Klasse einer Hauptschule in Lüneburg setzt sich aus 20 Schülern[22] (12 Mädchen, 8 Jungen) unterschiedlichster nationaler Herkunft zusammen.

Im Sinne eines Spiralcurriculums sollen einzelne Unterrichtsthemen im Laufe der Schulzeit auf jeweils höherem Niveau mehrmals wiederkehren, sodass der sogenannte Anschlussunterricht in der Sekundarstufe I das Vorwissen der Schüler aufgreifen und erweitern soll. Auf das Thema der geplanten Unterrichtseinheit bezogen, sollte die Klasse laut Kerncurriculum zum Ende der Grundschulzeit die Arbeit mit Wörterbüchern durch den Rechtschreibunterricht bereits beherrschen. Hierbei müssten sie im Einzelnen wissen, wie sie Nachschlagewerke (auch in digitaler Form) zum 'Richtig schreiben'[23] und zum 'Klären von Verständnisschwierigkeiten'[24] zielgerichtet nutzen. Des Weiteren verwenden die Schüler einen altersgemäßen Wortschatz. Dies bedeutet, dass sie mit Eintritt in die Sekundarstufe I[25] nach Clark 1995 über einen rezeptiven Wortschatz von mindestens 26.000 bis 29.000 Wörtern verfügen müssten.[26] Bei der eigenen Textproduktion verwenden die Schüler oft Wörter wie zum Beispiel „und dann", „machen" oder „sagen" und sollten aus diesem Grunde dazu angeleitet werden, ihre Texte abwechslungsreicher und somit anregender zu gestalten.

Weitere Ausführungen zu Unterrichtsvoraussetzungen wären in diesem Falle fiktiv und werden somit ausgelassen. In einer realen Unterrichtsplanung würden zusätzlich das Sozialverhalten der Schüler untereinander und ihr Interesse am Fach selbst aufgeführt werden.

---

[22] Im Folgenden wird zur erhöhten Leserfreundlichkeit ausschließlich das generische Maskulinum verwendet.
[23] Vgl. Niedersächsisches Kerncurriculum 2006a, S. 17
[24] Vgl. ebd., S. 26
[25] Je nach Alter der Kinder, welche in etwa 10-11 Jahre alt sind.
[26] Vgl. Clark 1995, S. 393

4 Didaktische Analyse

Das Thema der Unterrichtseinheit „Wortschatzarbeit" lässt sich im Niedersächsischen Kerncurriculum für die Hauptschule zum Fach Deutsch dem inhaltsbezogenen Kompetenzbereich „Sprache und Sprachgebrauch untersuchen" zuordnen. Dort heißt es, dass die Schüler Textbeschaffenheiten analysieren und reflektieren, um ihren Wortschatz zu erweitern, indem sie unter anderem zu einfachen Beispielen Wortfelder bilden und somit Texte überarbeiten können.[27] Daneben findet sich der Unterrichtsgegenstand auch in den inhaltsbezogenen Kompetenzbereichen „Schreiben" sowie „Lesen", da die Schüler „*über einen elementaren Wortschatz*"[28] verfügen müssen, um „*richtig* [zu] *schreiben*"[29] und „*einen Schreibprozess eigenverantwortlich* [zu] *gestalten*"[30] und zum verstehenden Lesen geeignete Strategien kennen und anwenden können müssen. Um dies zu erreichen, müssen sie im Einzelnen dazu in der Lage sein, „*Rechtschreibhilfen und Nachschlagewerke sicher und zweckdienlich*"[31] zu verwenden, richtig abzuschreiben, Sätze zu verknüpfen, bei der Wortwahl zu variieren sowie Texte umzuschreiben.[32] Durch den Aufbau dieser Kenntnisse und Fertigkeiten sollte sich der vorhandene Wortschatz sukzessive erweitern und somit der geforderte, elementare erreichen lassen. Aus den geschilderten Sachverhalten ergibt sich somit eine angemessene, curriculare Legitimation für die Durchführung dieser Unterrichtseinheit.

Das von uns ausgewählte Wortmaterial kann als exemplarisch für den restlichen Wortschatz des Deutschen angesehen werden, da den Schülern hieran Strategien vermittelt werden können, welche sie auch auf andere Wörter übertragen können. Selbstverständlich kann der Deutschunterricht bei der gewaltigen Anzahl von Lexemen niemals Vollständigkeit anstreben und ist somit immer extrem exemplarisch. Man kann jedoch hoffen, dass die beispielhaft vermittelten Einsichten und Fähigkeiten von den Schülern analog auf weitere Lexeme übertragen werden (Exemplarität).[33] Die Tatsache Mutter-

---

[27] Niedersächsisches Kerncurriculum 2006b, S. 41
[28] Ebd., S. 11
[29] Ebd., S. 20
[30] Ebd., S. 21
[31] Ebd., S. 11
[32] Vgl. ebd., S. 21
[33] Vgl. ebd., S. 40

9

sprachler zu sein, führt nicht zwangsläufig dazu, dass ein Mensch jedwede gesprochene oder geschriebene Äußerung problemlos verstehen kann.

> *„Der persönliche Wortschatz ist von zentraler Bedeutung für die Sprachbeherrschung eines Menschen und für die von ihr abhängige kognitive wie kommunikative Kompetenz. Die Förderung des Wortschatzerwerbs ist deshalb eine zentrale Aufgabe des Sprachunterrichtsunterrichts in den Schulen."*[34]

Durch kontinuierliche Wortschatzarbeit im Unterricht kann eine Verbesserung der Ausdrucksfähigkeit der Kinder in mündlicher sowie schriftlicher Form erreicht werden. Dies ist notwendig, da ein differenzierter Wortschatz für das erfolgreiche Bewältigen des täglichen Lebens zum Beispiel in Situationen, in denen offizielle Briefe oder Bewerbungen geschrieben sowie anspruchsvolle Texte verstanden werden müssen, unabdingbar ist. Explizite Wortschatzanalyse dient vor allem dazu, die Schüler zum späteren selbstständigen Aufnehmen neuer Bedeutungen und Lesarten beim Hören und Lesen anzuleiten. Wenn es den Lernern gelungen ist lexikalische Strukturen zu durchschauen, können sie ihre inneren Lexika so organisieren, dass sie andere gut verstehen und selbst gut verstanden werden (Gegenwarts- und Zukunftsbedeutung).[35]

Wie bereits beschrieben, ist es für Schüler umso einfacher neue Wörter zu lernen, je mehr bereits gekannt werden. Deshalb ist es erforderlich, kontinuierliche Wortschatzarbeit in den Deutschunterricht zu integrieren. Dennoch ist die Organisation des mentalen Lexikons mit der Zeit wichtiger, als das Hinzulernen des einen oder anderen neuen Lexems,[36] da Einsicht in die Ordnung des Lexikons dessen Gebrauch verbessert und seinen Ausbau zudem erleichtert. Außerdem geht es in der Primärsprache nicht in erster Linie um noch unbekannte Wörter, sondern eher um die Vertiefung des bereits erworbenen Wortschatzes und eine Überführung von Lexemen aus dem rezeptiven in den produktiven Speicher.[37]

Die Wortschatzarbeit sollte Schüler dafür sensibilisieren, bei der semantischen Bestimmung von Lexemen deren Kontext zu befragen, da Lexeme zumeist im Satz oder in

---

[34] Ulrich 2010, S. 33
[35] Vgl. ebd., S. 40
[36] Vgl. ebd.
[37] Vgl. ebd., S. 35f.

einem ganzen Text erscheinen und dort durch eben jenen Kontext auf eine bestimmte Bedeutung festgelegt sind.[38]

Zusammenfassend lässt sich also sagen, dass die Ziele der Wortschatzarbeit im Deutschunterricht die folgenden sein sollten:

1. einen umfangreichen rezeptiven Wortschatz zu beherrschen,
2. über einen umfangreichen produktiven Wortschatz zu verfügen,
3. die Bedeutungsprofile von Lexemen detailliert zu kennen,
4. eine umfassende Wortbildungskompetenz aufzuweisen,
5. Prozesse der Bedeutungserweiterung zu kennen,
6. sensibel zu werden für Gemeinsamkeiten und Unterschiede zwischen Lexemen und
7. die Bereitschaft aufzuweisen semantische Unklarheiten zu beseitigen.[39]

Aus den vorangehenden Gründen lässt sich das von uns mit der gesamten Unterrichtseinheit verfolgte Ziel ableiten, dass die Schüler ein Bewusstsein dafür entwickeln, welche Wörter sie häufig verwenden und als Alternativen hierfür Synonyme kennen oder finden können. Ob dieses Ziel erreicht wurde, lässt sich daran erkennen, ob es den Schülern gelingt, stilistisch nicht ansprechende Texte adäquat zu überarbeiten und hierbei unter Umständen Strategien zur Suche von ihnen fehlenden Synonymen anzuwenden.

---

[38] Vgl. ebd., S. 36f.
[39] Vgl. ebd.

11

5 Unterrichtseinheit

Da wir im Folgenden eine komplette Unterrichtseinheit vorstellen werden, verzichten wir darauf, zu jeder Stunde das natürlich dorthin gehörige Begrüßungs- und Verabschiedungsritual zu nennen und werden eine weniger detaillierte Darstellung der einzelnen Unterrichtsschritte vornehmen, als sie in einer Planung für eine einzelne Stunde gefordert wären. Nichtsdestotrotz werden wir jedoch alle relevanten Aspekte ausführlich darstellen und begründen.

5.1 Erste Unterrichtsstunde

<u>Ziele der Stunde</u>

- a. Die Schüler untersuchen Sprache und Sprachgebrauch, indem sie für bestimmte Wörter eines Textes Synonyme finden.
- b. Die Schüler bauen ihre semantischen und stilistischen Kompetenzen im Rahmen von Textproduktion und –rezeption aus, indem sie einen Text auf der Wortebene ansprechender umgestalten.

Als Einstieg in die Thematik wird den Schülern ein Text[40] mittels Overhead-Projektor gezeigt, welcher zunächst gemeinsam gelesen und im Anschluss besprochen wird. Die Darbietung des Textes auf einer Folie dient der Visualisierung des aktuellen Lerninhaltes für die komplette Lerngruppe. Zudem hat dieses Vorgehen gegenüber der Tafel den Vorteil, dass insbesondere im Falle von ganzen Texten diese von der Lehrperson bereits zu Hause vorbereitet werden können.[41] Den Schülern sollte hier auffallen, dass in jedem Satz das Wort „machen" vorkommt und der Text somit eintönig und wenig ansprechend gestaltet ist. Wünschenswert wäre es an dieser Stelle, wenn die Schüler erkennen, dass sich die Textqualität durch Variationen des Verbs „machen" verbessern lässt. Falls diese Erkenntnis nicht von alleine eintritt, müssen die Schüler von der Lehrperson auf diesen Sachverhalt aufmerksam gemacht werden. Anschließend wird der Text im Plenum gemeinsam überarbeitet.[42] Die Entscheidung für den Klassenunterricht an dieser Stelle

---

[40] siehe Anhang S. V
[41] Vgl. Drumm & Wehmann 2007, S. 135ff.
[42] mögliche Lösung siehe Anhang S. VI

ist damit begründet, dass sich so sicherstellen lässt, dass die zentralen Inhalte von allen Schülern gehört werden und gemeinsam ausgewertet werden können.[43]

Das so erarbeitete Wissen sollen die Schüler in der folgenden Phase anhand eines Arbeitsblattes[44] anwenden. Auf diese Weise steht schriftliches Material zum Lerngegenstand jedem einzelnen von ihnen zur Verfügung.[45] Die Bearbeitung erfolgt zunächst in Stillarbeit, hierfür spricht, dass

> *„Lernen immer ein konstruktiver und aktiver Prozess ist, der vom Lernenden selbst in eigenen Handlungen (und das heißt hier besonders durch Übungen) realisiert werden muss.[...] Der Einzelarbeit kommt hier insbesondere die Funktion zu, das Behalten von Informationen zu sichern und einen Transfer auf vergleichbare oder neue Probleme und Aufgaben zu ermöglichen."[46]*

In der Einzelarbeit können die Schüler zudem die Reihenfolge und das Tempo ihrer Denkschritte selbst bestimmen, was besonders für das Einüben neuen Lernstoffs erforderlich ist. Außerdem bietet sich diese Sozialform für das hier geforderte Sammeln eigener Gedanken an.[47]

Nachdem die Schüler auf diese Weise selbstständig Ergebnisse gesammelt haben, sollen sie diese in Partnerarbeit mit ihren Tischnachbarn besprechen und sich so auf eine gemeinsame Überarbeitungsidee verständigen, welche sie auf der ersten Linie unter jedem Satz des Arbeitsblattes notieren sollen. Es bietet sich für diese Phase an, die Sitzordnung vor Stundenbeginn so zu gestalten, dass möglichst Schüler mit unterschiedlichem Leistungsstand nebeneinander sitzen. So können sich die Partner gegenseitig in ihrem Lernprozess unterstützen.[48] Diese Sozialform erwartet von den Schülern einen respektvollen Umgang mit ihren Partnern und fördert somit auch das soziale Lernen.

Wenn die Anwendungsphase beendet ist, werden im Plenum die Umformulierungen für die Sätze gesammelt und vom Lehrer jeweils eine geeignete Variante auf einer OHP-

---

[43] Vgl. Siemer 2007c, S. 12
[44] siehe Anhang S. VII und VIII
[45] Vgl. Siemer 2007a, S. 124
[46] Reich 2008
[47] Vgl. Siemer 2007b, S. 18f.
[48] Vgl. Reich 2008

Folie fixiert, sodass gewährleistet ist, dass jeder Schüler pro Satz eine korrekte Lösung auf die zweiten Linien seines Arbeitsblattes überträgt.

5.2 Zweite Unterrichtsstunde

Ziele der Stunde

a. Die Schüler benutzen Nachschlagewerke in gedruckter und elektronischer Form zielgerichtet, indem sie für das Wort „gehen" ein Wortfeld erstellen.

b. Die Schüler können aus dem erarbeiteten Wortfeld „gehen" die Abtönungen für „gehen als Fortbewegung" ausselektieren, indem sie diese auf einem Arbeitsblatt ihren Bedeutungen richtig zuordnen.

Zu Beginn der zweiten Stunde wird mit den Schülern zunächst wiederholt, was in der vorangegangenen Unterrichtsstunde erarbeitet wurde, um so zu gewährleisten, dass alle auf das Thema eingestellt sind und daran angeknüpft werden kann. Dieser Einstieg dient dazu, bei den Schülern Aufmerksamkeit und Interesse für die nun folgenden Unterrichtsinhalte zu schaffen.[49] Im Anschluss daran werden die Schüler von der Lehrkraft in drei Gruppen eingeteilt, in denen jeweils zum Verb 'gehen' ein Wortfeld erstellt werden soll. Hierzu soll die erste Gruppe das Bedeutungswörterbuch des DUDEN-Verlags konsultieren, die zweite ein Online-Wörterbuch (www.woerterbuch.info) und die dritte mit Thesaurus aus Word arbeiten. Ihre Ergebnisse sollen die Schüler auf der ersten Karte des, in der Unterrichtseinheit zu erarbeitenden, eigenen Wörterbuchs[50] festhalten. Dieses Wörterbuch soll den Schülern auch nach Ende der Unterrichtseinheit noch zur stetigen Verfügung stehen, wenn sie eigene Texte verfassen, damit sie ein Hilfsinstrument haben, um diese ansprechend gestalten zu können. Die Arbeit in Gruppen soll förderlich dafür sein zu lernen, wie man lernt, so zum Beispiel selbst fehlende Informationen zu finden (wie hier die Suche im Internet oder in Lexika). Zudem soll auch sie soziales Lernen fördern, da die Schüler auch hier die Fähigkeiten entwickeln können, sich gegenseitig zu helfen oder füreinander Verständnis und Empathie aufzubauen. Wichtig ist bei Gruppenarbeit, dass jeder einzelne Schüler für das Gelingen der Arbeit unentbehrlich ist und am Ende der Arbeitsphase die Leistungsüberprüfung für jeden einzelnen

---

[49] Vgl. Kretschmer & Stary 1998, S. 82
[50] siehe Anhang S. X und XI

individuell geschieht.[51] Um zu gewährleisten, dass sich auch tatsächlich jedes Gruppenmitglied an der Arbeit beteiligt oder sich zumindest mit deren Ergebnissen beschäftigt, wird den Schülern vor Beginn der Arbeitsphase mitgeteilt, dass die Lehrkraft selbst entscheiden wird, wer im Anschluss die Ergebnisse zu präsentieren hat.

In der folgenden Phase stellen die einzelnen Gruppen die durch sie gefundenen Synonyme vor, sodass die übrigen auf ihren Karten eventuell fehlende Wörter ergänzen können. Zusätzlich soll auf diese Weise ein Austausch der Gruppen über die verwendeten Nachschlagewerke erfolgen, um so zu gewährleisten, dass alle Schüler einen Eindruck von den in diesem Unterricht verwendeten Varianten gewinnen können. So sollen sie später leichter entscheiden können, auf welche Hilfe sie selbst zurückgreifen möchten.

Das auf diese Weise zusammengetragene Wortfeld zum Verb 'gehen' soll in der anschließenden Festigungsphase für ein Arbeitsblatt,[52] auf welchem ebenfalls Synonyme für 'gehen' zusammengetragen werden sollen, verwendet werden. Dieses Arbeitsblatt bearbeiten die Schüler in Partnerarbeit.[53] Die Ergebnisse werden auch hier erneut im Plenum festgehalten und von den Schülern eventuell ergänzt. In der Hausaufgabe in Form eines weiteren Arbeitsblattes zu diesem Verb sollen die Schüler das in der heutigen Stunde erarbeitete Wissen festigen.

---

[51] Vgl. Wellenreuther 2007, 371f.
[52] siehe Anhang S. XII
[53] Auf die erneute Begründung der Sozialform Partnerarbeit wird an dieser Stelle verzichtet, da sie bereits in der
vorangegangenen Stunde erfolgte.

5.3 Dritte Unterrichtsstunde

<u>Ziele der Stunde</u>

a. Die Schüler benutzen Nachschlagewerke in gedruckter und elektronischer Form zielgerichtet, indem sie für die Wörter „sagen", „dann" und „und" ein Wortfeld erstellen.

b. Die Schüler arbeiten einen Text stilistisch ansprechender um, indem sie die erarbeiteten Wortfelder benutzen.

c. Die Schüler erkennen, dass die Wortebene alleine zur stilistischen Verbesserung nicht ausreicht, da sie an einigen Stellen kontextbezogene Ersetzungen vornehmen müssen.

d. Die Rechtschreibleistung der Schüler wird überprüft, indem sie einen Text abschreiben.

Zu Stundenbeginn wird zunächst die Hausaufgabe im Plenum verglichen. Nach Wellenreuther 2007 können Schüler durch Hausaufgaben nur dann etwas einüben, wenn sie diese auch wirklich angefertigt haben und zu ihren Lösungen detaillierte Rückmeldungen erhalten.[54] Anschließend wird analog zum Vorgehen in der ersten Stunde erneut gemeinsam ein Text[55] gelesen. In diesem kommt überproportional häufig das Wort 'sagen' sowie die Wendung 'und dann' vor, wodurch auch dieser Text nur von minderer Qualität ist. Hier sollte den Schülern ebenfalls auffallen, dass sich der Text durch Variation seines Wortmaterials qualitativ verbessern lässt. Sollte dies nicht geschehen, werden sie erneut von der Lehrkraft darauf hingewiesen.

In der folgenden Phase sollen die Schüler in Einzelarbeit Wörterbuchkarten für 'und', 'dann' sowie 'sagen' erstellen. Hiermit soll gewährleistet werden, dass die Schüler lernen, auch alleine mit den Nachschlagewerken umzugehen und sich zudem dasjenige auswählen können, welches ihnen am meisten zusagt. Nach Beendigung der Arbeit werden die Ergebnisse wieder gemeinsam verglichen und eventuell ergänzt. Die so entstandenen Synonym-Karten werden schließlich bei der gemeinsamen Überarbeitung des Textes[56] Verwendung finden. Hierbei wird auffallen, dass nicht an allen Stellen im Text

---

[54] Vgl. Wellenreuther 2007, S. 152
[55] siehe Anhang S. XIII
[56] mögliche Lösung siehe Anhang S. XIV

der reine Austausch der Wörter gegen ein Synonym zum gewünschten Erfolg führt, da teilweise kontextbezogene Ersetzungen vorgenommen werden müssen. An dieser Stelle zeigt sich, warum Wortschatzarbeit unbedingt in Einheiten oberhalb der Wortebene stattfinden sollte,[57] da nur so verständlich wird, warum zum Beispiel einmal 'und dann' durch 'plötzlich' ersetzt werden kann. Die Arbeit im Plenum ist an dieser Stelle deshalb gewählt worden, damit sichergestellt ist, dass eben dieser Aspekt (kontextbezogene Ersetzungen) auf jeden Fall thematisiert werden kann. Sollten die Schüler nämlich im Klassengespräch nicht von alleine erkennen, dass auch solche Überarbeitungen vorgenommen werden müssen, kann die Lehrperson dies provozieren, indem sie die eigentlich aus der Grundschule schon bekannten Charakteristika einer Erzählung wiederholt. Dann müsste den Schülern auffallen, dass Spannung sich zum Beispiel durch Wörter wie 'plötzlich' erzeugen lässt.

Durch das anschließende Abschreiben des Textes mit der gemeinsam erfolgten Überarbeitung wird der Forderung des Kerncurriculums nach Überprüfung der Rechtschreibleistungen der Schüler genüge getan.[58] Um zu gewährleisten, dass alle Schüler den Text abschreiben, wird die Fertigstellung dieser Tätigkeit als Hausaufgabe aufgegeben. So wird sichergestellt, dass die Lehrperson die abgeschriebenen Texte am nächsten Tag zur Kontrolle einsammeln kann. Sollte der Exkurs zum Thema 'Erzählungen' erfolgt und dadurch eine Zeitverzögerung entstanden sein, wird das Abschreiben des Textes gänzlich als Hausaufgabe deklariert.

---

[57] Vgl. Siepmann 2007, S. 70
[58] Vgl. Niedersächsisches Kerncurriculum 2006b, S. 48

5.4 Vierte Unterrichtsstunde

Ziele der Stunde

    a. Die Schüler benutzen ihren rezeptiven und produktiven Wortschatz sowie (wenn nötig) Nachschlagewerke zielgerichtet, indem sie für mehrere Wörter Wortfelder erstellen.

    b. Die Schüler erweitern ihren Wortschatz, indem sie die oben genannte Tätigkeit ausführen.

Zunächst werden die von den Schülern abgeschriebenen Texte zur Überprüfung eingesammelt. Im Anschluss daran wird die Klasse in vier Gruppen eingeteilt, um anschließend in dieser Konstellation zu insgesamt zwölf vorgegebenen Wörtern weitere Wörterbuchkarten zu erstellen.[59] Jede Gruppe beginnt mit dreien der Wörter und sucht für jedes davon genau drei Synonyme. Danach werden die Karten im Uhrzeigersinn an die nächste Gruppe weitergegeben und durch diese ergänzt. Kommt eine Gruppe nicht mehr weiter, entscheidet die Lehrkraft, ob ein Nachschlagewerk zu Rate gezogen werden darf, um so zu gewährleisten, dass die Gruppen zunächst versuchen, die Synonyme mithilfe ihres eigenen Wortschatzes zu finden. Durch die Rotation der Karten wird sicher gestellt, dass sich jede Gruppe mit allen zwölf Wörtern beschäftigt. Nach Beendigung der Gruppenarbeitsphase werden die Ergebnisse gemeinsam besprochen und die Karten von der Lehrkraft eingesammelt, um sie zur nächsten Unterrichtsstunde für alle zu kopieren.

---

[59] Die Auflistung der vorgegebenen Wörter befindet sich im Anhang auf S. XVIII

5.5 Fünfte Unterrichtsstunde

Ziele der Stunde

a. Die Schüler festigen ihr Wissen bezüglich des Aufbaus eines Wörterbuches, indem sie die vorhandenen Wörterbuchkarten, nach dem Alphabet sortiert, abheften.

b. Die Schüler erweitern den eigenen Wortschatz, indem sie eine Variation des Spiels „Outburst" mit den ihnen bekannten Wörterbuchkarten sowie mit, durch die Lehrkraft zusätzlich bereitgestellten, neuen Wörterbuchkarten spielen.

Zu Beginn der Stunde teilt die Lehrperson die kopierten sowie zusätzlich angefertigten Wörterbuchkarten an die Schüler aus, welche sie alphabetisch sortiert in ihr Wörterbuchheft abheften sollen. Durch diese Tätigkeit sollen die Schüler den ihnen bereits aus der Grundschule bekannten Aufbau eines Wörterbuches festigen. Nachdem die Schüler die Karten einsortiert haben, sollen sie ihr Wörterbuch zunächst weglegen.

Die Lehrkraft hat die einzelnen Wörterbuchkarten zusätzlich einmal in laminierter Form mitgebracht, mit welchen im Anschluss eine Variante des Spiels 'Outburst'[60] gespielt wird. Ziel dieses Spieles ist es, innerhalb einer vorgegebenen Zeitspanne (Sanduhr mit 90 Sekunden Durchlaufzeit) möglichst viele Synonyme zu einem Oberbegriff zu finden. Zu Beginn des Spiels werden die Spieler in zwei gleich große Gruppen aufgeteilt. Jedes Team erhält drei sogenannte Joker-Chips, mit denen man im Spielverlauf Oberbegriffe ablehnen kann. Als Begriffskarten dienen in dieser Unterrichtsstunde die Wörterbuchkarten. Die Gruppen spielen abwechselnd, wobei die eine Begriffe rät, während die andere diese kontrolliert. Zunächst würfelt ein Spieler der ersten Gruppe mit einem zehnseitigen Würfel, gelingt es der Gruppe anschließend das Synonym mit der erwürfelten Nummer zu erraten, erhält sie einen Bonuspunkt. Anschließend nimmt ein Spieler der anderen Gruppe eine Wörterbuchkarte und nennt deren Oberbegriff. An dieser Stelle könnte die aktive Gruppe einen ihrer Joker einsetzen, um so die Karte auswechseln zu lassen. In den folgenden 90 Sekunden haben alle Mitspieler dieser Gruppe die Möglichkeit Begriffe zu nennen, von denen sie meinen, dass sie auf der Karte genannt werden. Ist die Zeit vorbei, erhält die Gruppe für jedes korrekt genannte Synonym einen Punkt. Danach ist die andere Gruppe an der Reihe. Das Spiel endet, wenn die Unterrichtsstun-

---

[60] von der Firma Parker

de vorbei ist oder alle Karten durchgespielt sind.

Der Einsatz des Spieles lässt sich dadurch legitimieren, dass man über Lernspiele gut bereits erarbeitete Themen üben und vertiefen kann. Zudem können durch den Wettbewerbscharakter dieses Spiels und den damit verknüpften möglichen Erfolgserlebnissen Spaß am Lernen und auch Motivation dafür erzeugt werden.[61] Da das Spiel einen direkten Bezug zum vorangegangenen Unterricht aufweist und dessen Inhalte aufgreift wird vermieden, dass bei den Schülern der Eindruck einer zusammenhanglosen Spielstunde entsteht. Die Lehrperson sollte bezüglich der Gruppenbildung beachten, dass die Schüler möglichst nicht innerhalb ihrer normalen Cliquen spielen, da sie sich erfahrungsgemäß besser auf die Inhalte eines Spiels konzentrieren, wenn sie in einer für sie untypischen Konstellation zusammenarbeiten müssen. Um während der Unterrichtsstunde nicht zu viel Zeit für die Gruppenbildung zu verschwenden, muss diese von der Lehrkraft bereits im Vorfeld geplant worden sein.[62]

---

[61] Vgl. Drumm 2007. S. 226f.
[62] Vgl. ebd. S. 244

6 Fazit

Leider ist es uns aufgrund der Tatsache, dass wir Studenten für das Lehramt an Grundschulen sind, nicht möglich gewesen, die von uns geplante Unterrichtseinheit in der Praxis zu erproben. Dennoch hat uns die intensive Auseinandersetzung mit der Thematik gezeigt, wie notwendig eine kontinuierliche Integration der Wortschatzarbeit in den Deutschunterricht schon ab dem ersten Schuljahr ist. Aus diesem Grund werden wir dies auf jeden Fall in unserem späteren Alltag als Grundschullehrerinnen beachten und der Wortschatzarbeit den ihr viel zu lange Zeit versagten Platz im Primärsprachenunterricht einräumen.

Die eingehende Beschäftigung im Seminarkontext mit der Planung und Legitimation von Unterricht sowie der dazu notwendigen Formulierung von Lernzielen hat sich für uns als äußerst fruchtbar erwiesen. Die gemeinsame Reflexion von Unterrichtsideen hat unseren Blick für die typischen 'Kinderkrankheiten' der Planungen von Studenten geschärft und wird daher im Referendariat sicherlich dazu führen, dass es uns leichter fallen wird, auf diese zu achten und sie deshalb eher zu vermeiden. Auch wenn wir in unserem bisherigen Studium in den 'Schulpraktischen Studien I und II' bereits erste Erfahrungen mit der Planung von Unterricht sammeln konnten, so haben die Gespräche mit den Kommilitonen und Frau Weinhold nach den Präsentationen der einzelnen Ideen und die daran anschließende Ausarbeitung des eigenen Unterrichtsvorhabens diese Erfahrungen noch um ein Vielfaches erweitert. Die Tatsache, dass es hier zum ersten Mal erforderlich war, auch eine ausführliche Sachanalyse zu verfassen, war für uns sehr lehrreich, da wir die Möglichkeit hierzu bisher leider noch nicht hatten.

Frau Weinhold verstand es, uns anschaulich grundlegende Dinge zur Unterrichtsplanung und Durchführung sowie dazu essentieller Fachwissenschaft zu vermitteln, sodass wir rückblickend sagen können, dass wir nun nach Absolvierung des Moduls 'Sprachdidaktische Vertiefung' eindeutig besser für den späteren Berufsalltag gerüstet sind, als wir es ohne all das gewesen wären. Die Arbeit an dieser Hausarbeit hat uns noch vertiefend Dinge aufgezeigt und uns weiter geschult, weswegen wir diese Form der Leistungserbringung nur begrüßen können. Aus diesem und den vorangehenden Gründen können wir sicherlich von uns behaupten, einen großen Schritt weiter in die richtige Richtung auf dem Weg Professionalität im Lehrerberuf gegangen zu sein.

LITERATURVERZEICHNIS

Clark 1995

CLARK, Eve V.: Later Lexical Development and Word Formation. In: Fletcher, Paul; MacWhinney, Brian: The Handbook of child language. Malden u.a. 1995, S. 393-412.

Dannenbauer 2002

DANNENBAUER, Friedrich M.: Grammatik. In: Baumgartner, Stephan; Füssenich, Iris: Sprachtherapie mit Kindern. München 2002, S. 105-161.

Drumm 2007

DRUMM, Julia: Lernspiele. In: Drumm, Julia (Hg.): Methodische Elemente des Unterrichts. Sozialformen, Aktionsformen, Medien. Göttingen 2007, S. 226-245.

Drumm & Wehmann 2007

DRUMM, Julia, WEHMANN, Philipp: Tafel und Folien. In: Drumm, Julia (Hg.): Methodische Elemente des Unterrichts. Sozialformen, Aktionsformen, Medien. Göttingen 2007, S. 135-152.

Feilke 2009

FEILKE, Helmuth: Wörter und Wendungen: kennen, lernen, können. In: Praxis Deutsch. Zeitschrift für den Deutschunterricht 36 (2009), H. 218, S. 4-13.

Füssenich 2002

FÜSSENICH, Iris: Semantik. In: Baumgartner, Stephan; Füssenich, Iris: Sprachtherapie mit Kindern. München 2002, S. 63-104.

Hermann et al. 1985

HERMANN, Ursula; LEISERING, Horst; HELLERER, Heinz: KNAUR. Das deutsche Wörterbuch. München 1985

Kretschmer & Stary 1998

KRETSCHMER, Horst; STARY, Joachim: Schulpraktikum. Eine Orientierungshilfe zum Lernen und Lehren. Berlin 1998.

II

Kühn 2007

KÜHN, Peter: Von A bis Z. Ein Wörterbuchspiel. In: Deutschunterricht 60 (2007), H. 2, S. 32-36.

Niedersächsisches Kultusministerium 2006a

NIEDERSÄCHSISCHES KULTUSMINISTERIUM: Kerncurriculum für die Grundschule. Schuljahrgänge 1-4. Deutsch. Hannover 2006.

Niedersächsisches Kultusministerium 2006b

NIEDERSÄCHSISCHES KULTUSMINISTERIUM: Kerncurriculum für die Hauptschule. Schuljahrgänge 5-10. Deutsch. Hannover 2006.

Osterwinter & Auberle 2007

OSTERWINTER, Ralf; AUBERLE, Anette: Duden. Deutsches Universalwörterbuch. 6., überarbeitete und erweiterte Aufl., Mannheim u.a. 2007.

Reich 2008

REICH, Kersten (Hg.) [2008]: Methodenpool. URL: http://methodenpool.uni-koeln.de (Stand: 19. Februar 2010, 16:23 Uhr)

Schwarz & Chur 2004

SCHWARZ, Monika; CHUR, Jeannette: Semantik. Ein Arbeitsbuch. 4., aktualisierte Aufl., Tübingen 2004.

Siemer 2007a

SIEMER, Joanna: Arbeitsblätter. In: Drumm, Julia (Hg.): Methodische Elemente des Unterrichts. Sozialformen, Aktionsformen, Medien. Göttingen 2007, S. 124-134.

Siemer 2007b

SIEMER, Joanna: Einzelarbeit. In: Drumm, Julia (Hg.): Methodische Elemente des Unterrichts. Sozialformen, Aktionsformen, Medien. Göttingen 2007, S. 18-24.

Siemer 2007c

SIEMER, Joanna: Klassenunterricht. In: Drumm, Julia (Hg.): Methodische Elemente des Unterrichts. Sozialformen, Aktionsformen, Medien. Göttingen 2007, S. 12-17.

Siepmann 2007

SIEPMANN, Dirk: Wortschatz und Grammatik – Zusammenbringen, was zusammen gehört. In: Beiträge zur Fremdsprachenvermittlung, H. 46/2007, S. 59-80.

Ulrich 2010

ULRICH, Winfried: Wörter, Wörter, Wörter. Wortschatzarbeit im muttersprachlichen Deutschunterricht. Anleitung und praktische Übungen mit 204 Arbeitsblättern in Form von Kopiervorlagen. 2. unveränderte Aufl., Baltmannsweiler 2010.

Wellenreuther 2007

WELLENREUTHER, Martin: Lehren und Lernen – aber wie? Baltmannsweiler 2007.

ANHANG

Lisa muss heute noch viel machen. Sie muss ihre Hausaufgaben machen und ihrer Mutter helfen, die Wäsche zu machen. Für ihren Vater soll sie einen Kaffee machen und später muss sie auch noch Sport machen. Lisa weiß gar nicht, wann sie all das machen soll. Am liebsten würde sie ihre Pflichten vergessen und eine Party machen.

Lisa muss heute noch viel _erledigen_. Sie muss ihre Hausaufgaben _machen_ und ihrer Mutter helfen, die Wäsche zu _waschen_. Für ihren Vater soll sie einen Kaffee _kochen_ und später muss sie auch noch Sport _treiben_. Lisa weiß gar nicht, wann sie all das _schaffen_ soll. Am liebsten würde sie ihre Pflichten vergessen und eine Party _veranstalten_.

Immer nur „machen"?

Formuliere die folgenden Sätze so um, dass das Alltagswort „machen" nicht mehr vorkommt.

a) Wer macht heute Essen, du oder ich?

_____

_____

b) Machst du mir ein Brot?

_____

_____

c) Du hast deine Haare heute aber schön gemacht!

_____

_____

d) In meiner Freizeit mache ich gern Gedichte.

_____

_____

e) Das macht doch keinen Sinn!

_____

_____

f) Alle Kinder machen jetzt einen Kreis.

_____

_____

g) Mein Sohn hat die Sandburg ganz allein gemacht.

_____

_____

h) In den Ferien mache ich einen Skikurs.

_____

_____

i) Die Indianer haben mit den Weißen Frieden gemacht.

_____

_____

j) Wer macht in eurem Theaterstück eigentlich die Hauptrolle?

_____

_____

Immer nur „machen"?

a) Wer macht heute Essen, du oder ich?
Wer kocht heute, du oder ich?

b) Machst du mir ein Brot?
Streichst du mir ein Brot?

c) Du hast deine Haare heute aber schön gemacht!
Du hast deine Haare heute aber schön frisiert!

d) In meiner Freizeit mache ich gern Gedichte.
In meiner Freizeit schreibe ich gern Gedichte.

e) Das macht doch keinen Sinn!
Das ergibt doch keinen Sinn!

f) Alle Kinder machen jetzt einen Kreis.
Alle Kinder bilden jetzt einen Kreis.

g) Mein Sohn hat die Sandburg ganz allein gemacht.
Mein Sohn hat die Sandburg ganz allein gebaut.

h) In den Ferien mache ich einen Skikurs.
In den Ferien besuche ich einen Skikurs.

i) Die Indianer haben mit den Weißen Frieden gemacht.
Die Indianer schließen mit den Weißen Frieden.

j) Wer macht in eurem Theaterstück eigentlich die Hauptrolle?
Wer spielt in eurem Theaterstück eigentlich die Hauptrolle?

Das

Wörterbuch

von

_____

gehen

Wortfeld gehen

1. Trage die von dir zu *gehen* gefundenen Verben in das Diagramm. Manchmal passen mehrere Wörter in ein Kästchen.
2. Welche Wörter kannst du hier nicht einordnen?

_____

schnell gehen

langsam gehen

behindert gehen

ohne Ziel gehen

auf einem Bein gehen

gehen

durch Wasser gehen

aufwärts gehen

leise gehen

geräuschvoll gehen

Wortfeld gehen

1. Trage die von dir zu *gehen* gefundenen Verben in das Diagramm. Manchmal passen mehrere Wörter in ein Kästchen.
2. Welche Wörter kannst du hier nicht einordnen?
   spazieren, springen, krabbeln, schreiten, wandern, tängeln, stolzieren, pilgern, marschieren

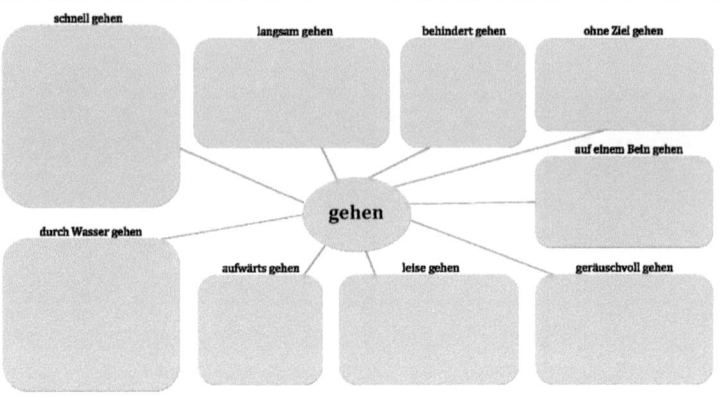

schnell gehen

laufen, flitzen, rasen, rennen, eilen, fegen, sausen, stürzen, jagen, stürmen, hetzen, hasten

langsam gehen

schleichen, trotten, trödeln, kriechen, schlendern, latschen, schlurfen

behindert gehen

stolpern, humpeln, hinken

ohne Ziel gehen

schlendern, schweifen, umherstreifen, bummeln, tigern

auf einem Bein gehen

hinken, hüpfen

gehen

durch Wasser gehen

waten, plantschen, staksen

aufwärts gehen

steigen, klettern, kraxeln

leise gehen

schleichen, trippeln, huschen, pirschen

geräuschvoll gehen

schlurfen, stampfen, trampeln

Immer nur *gehen!*

> 1. Ersetze *gehen* durch Verben, die besser in den Zusammenhang passen.

„Urlaub ist schön", dachte Tom. „Wenn man bloß nicht so viel *gehen* _____

müsste!" Doch es war schon wieder so weit. Toms Mutter *ging* _____

in sein Hotelzimmer, um ihm Bescheid zu sagen, dass sie nun einen Ausflug

machen wollten. Tom hatte überhaupt keine Lust. Missmutig *ging* _____

er hinter seinen Eltern und seiner Schwester her, die fröhlich auf einem Bein

ging _____. „Ach Tom", hörte er seine Mutter sagen, „jetzt sei

nicht so griesgrämig. Nachher können wir auch noch ein bisschen in der Stadt

umhergehen _____. Vielleicht finden wir dann ja neue

Turnschuhe für dich." Diese Aussicht besserte Toms Laune zumindest ein

bisschen. Als sich jedoch herausstellte, dass es sich keineswegs um einen

normalen Wanderweg handelte, den seine Eltern für ihren Ausflug ausgesucht

hatten, wurde er erneut ärgerlich. Immer wieder mussten sie kleine Anhöhen

hoch *gehen* _____ und einmal sogar durch einen kleinen Bach *gehen*

_____. Als sie nach einigen Stunden wieder in die Stadt *gingen*

_____, ging Tom so schnell er konnte in das erste Sportgeschäft.

Überglücklich *ging* _____ er kurz darauf wieder zu seiner Mutter:

„Mama, ich habe tolle Schuhe gefunden!"

> 2. Er stampfte leise durch sein Zimmer.
> Bilde weitere „Unsinnsätze" mit *torkeln, rasen und stolpern* mit
> Ergänzungen, die nicht zu der Bedeutung des jeweiligen Verbs passen.

_____

_____

_____

Immer nur *gehen!*

1. Ersetze *gehen* durch Verben, die besser in den Zusammenhang passen.

„Urlaub ist schön", dachte Tom. „Wenn man bloß nicht so viel *wandern* müsste!" Doch es war schon wieder so weit. Toms Mutter *trat* in sein Hotelzimmer, um ihm Bescheid zu sagen, dass sie nun einen Ausflug machen wollten. Tom hatte überhaupt keine Lust. Missmutig *trottete* er hinter seinen Eltern und seiner Schwester her, die fröhlich auf einem Bein *hüpfte*. „Ach Tom", hörte er seine Mutter sagen, „jetzt sei nicht so griesgrämig. Nachher können wir auch noch ein bisschen in der Stadt *bummeln*. Vielleicht finden wir dann ja neue Turnschuhe für dich." Diese Aussicht besserte Toms Laune zumindest ein bisschen. Als sich jedoch herausstellte, dass es sich keineswegs um einen normalen Wanderweg handelte, den seine Eltern für ihren Ausflug ausgesucht hatten, wurde er erneut ärgerlich. Immer wieder mussten sie kleine Anhöhen hoch *hinaufsteigen* und einmal sogar durch einen kleinen Bach *waten*. Als sie nach einigen Stunden wieder in die Stadt *kamen/zurückkehrten* ging Tom so schnell er konnte in das erste Sportgeschäft. Überglücklich *rannte/lief* er kurz darauf wieder zu seiner Mutter: „Mama, ich habe tolle Schuhe gefunden!"

2. Er stampfte leise durch sein Zimmer.
   Bilde weitere „Unsinnsätze" mit *torkeln, rasen* und *stolpern* mit Ergänzungen, die nicht zu der Bedeutung des jeweiligen Verbs passen.

Er torkelte in strammer Haltung an mir vorbei.

Er raste langsame nach Hause.

Er stolperte sorgfältig über den Stein.

Gestern stand ich um sieben Uhr auf. Und dann frühstückte ich und putzte mir die Zähne. Und dann zog ich mich an und dann machte ich mich auf zur Schule. Auf halbem Weg traf ich Christian. Ich sagte: „Heute wird ein langweiliger Tag, hier ist doch nie etwas los." Und dann gingen wir weiter. Und dann hörten wir ein Geräusch aus dem Straßengraben. „Komm, lass uns nachsehen, was da los ist!", sagte ich leise. Und dann gingen wir zum Graben. Christian sagte aufgeregt: „Sieh mal, da ist ein kleiner Hund im Graben. Er kommt allein nicht wieder heraus!" „Der Arme, wir müssen ihn retten!", sagte ich laut. Und dann stieg ich in den Graben. Und dann nahm ich den Hund auf den Arm und kletterte hoch. Ich sagte: „Jetzt müssen wir nur noch seinen Besitzer finden." Und dann hörten wir auch schon eine Frau. Sie sagte: „Rico! Rico, wo bist du?" Und dann liefen wir zu ihr und sagten: „Ist das Ihr Hund?" „Oh ja, das ist mein Rico!", sagte die Frau. Und dann wollte Christian ihr die ganze Geschichte erzählen, aber wir waren schon fünf Minuten zu spät. „Wir müssen los!", sagte ich erschrocken. Und dann rannten wir zur Schule. Unser Lehrer sagte böse: „Ihr seid schon wieder zu spät. Heute müsst ihr nachsitzen!" Und dann sagten wir ihm, was passiert war und er sagte: „Na gut, in dem Fall drücke ich mal ein Auge zu. Aber morgen seid ihr pünktlich."

Gestern stand ich um sieben Uhr auf. *Anschließend* frühstückte ich und putzte mir die Zähne. *Danach* zog ich mich an *und* machte ich mich auf zur Schule. Auf halbem Weg traf ich Christian. Ich *rief*: „Heute wird ein langweiliger Tag, hier ist doch nie etwas los." *Kurz darauf* gingen wir weiter. *Plötzlich* hörten wir ein Geräusch aus dem Straßengraben. „Komm, lass uns nachsehen, was da los ist!", *flüsterte* ich leise. *Gespannt* gingen wir zum Graben. Christian *rief* aufgeregt: „Sieh mal, da ist ein kleiner Hund im Graben. Er kommt allein nicht wieder heraus!" „Der Arme, wir müssen ihn retten!", *schrie* ich laut. *Schnell* stieg ich in den Graben. *Unten angekommen* nahm ich den Hund auf den Arm und kletterte hoch. Ich *sagte*: „Jetzt müssen wir nur noch seinen Besitzer finden." *Da* hörten wir auch schon eine Frau. Sie *rief*: „Rico! Rico, wo bist du?" *Sofort* liefen wir zu ihr und *fragten*: „Ist das Ihr Hund?" „Oh ja, das ist mein Rico!", *erwiderte* die Frau. *Direkt* wollte Christian ihr die ganze Geschichte erzählen, aber wir waren schon fünf Minuten zu spät. „Wir müssen los!", *schrie* ich erschrocken. Und dann rannten wir zur Schule. Unser Lehrer *schimpfte*: „Ihr seid schon wieder zu spät. Heute müsst ihr nachsitzen!" *Doch dann erzählten* wir ihm, was passiert war und er *sagte freundlich*: „Na gut, in dem Fall drücke ich mal ein Auge zu. Aber morgen seid ihr pünktlich."

Wörterliste

- aber
- ätzend
- auch
- cool
- deshalb
- essen
- geben
- geben
- Geld
- immer
- Lehrer
- lernen
- Leute
- müssen
- plötzlich
- schlau
- schön
- Schüler
- sehen
- Spaß
- sterben
- stressig
- wollen
- wünschen
- wütend

VERFASSERNACHWEIS

NOTIZEN